Maldito fútbol

[cápsula]

Toni Padilla
Maldito fútbol

Una **[cápsula]** sobre
el juego, la pasión y la violencia

NOW
BOOKS

Primera edición: octubre de 2025
© De los textos: Toni Padilla, 2025
© De la traducción: Andrés Prieto, 2025

© De esta edición:
Càpsula
Carrer del Peu de la Creu, 4
08001 - Barcelona

Càpsula es una colección de ensayo breve de Now Books.

Dirección editorial: Joan Carles Girbés
Edición: Raquel M. Martínez
Edición de mesa y producción: Neus Duran y Mar Meruelo
Diseño: Marc Cubillas
Fotocomposición y corrección: Moelmo
Impresión: Romanyà Valls

ISBN: 979-13-87801-01-4
Depósito legal: B 13370-2025

PEFC Certificat

Aquest producte
procedeix de boscos
gestionats de forma
sostenible

PEFC

PEFC/14-38-00458   www.pefc.es

El fútbol a veces es una mierda. Y si no lo es lo parece, ya que atrae moscas. Moscas grandes y pequeñas, de todos los tamaños. Algunas con corbata muy elegantes y otras con chándal y un palillo en la boca. Moscas ricas y pobres, moscas con estudios o sin ellos. Un ejército de moscas que desparraman su mierda.

Estas moscas te las encuentras por todas partes. Antes solían ir engordando con el paso del tiempo, pero últimamente algunas se mantienen en forma para poder lucir palmito en las redes sociales. Hubo una época en que el tamaño de la panza servía para medir el éxito de los mandamases del fútbol. Los presidentes solían ser gigantes. Hoy en día lo medimos por el tamaño de los músculos. Sin embargo, sigue siendo la misma mierda.

Cuando trabajas en el mundo del fútbol es muy normal sentirte sucio. Poco importa que estés sentado a una mesa con cubiertos de plata, al final acabas sintiendo la necesidad de ducharte. Como aquella noche en Moscú. «¡Vamos a hacer una fiesta de togas!», gritaba aquel directivo, haciendo un gesto con la mano, como si fuera una minga. Arriba y abajo, riendo. Estábamos en un restaurante de la capital rusa. Algunos periodistas hablábamos de cómo íbamos a aprovechar las horas libres previas a un partido de Liga de Campeones para ir al Kremlin, pero aquel directivo nos increpaba por ello. Era el típico que ya llevaba años en un segundo plano, pero que se acercaba a quien fuese para seguir tocando poder. Las directivas cambiaban, pero él seguía. Siempre con dinero en metálico en el bolsillo, siempre con esas carcajadas soeces cuando contaba chistes verdes. Un moscardón gigante. Nos preguntaba si éramos «maricas», ya que no mostrábamos demasiado interés en su propuesta. ¿Cómo podíamos estar negándonos a su idea de ir a un prostíbulo de lujo para ponernos una toga? Pero no, algunos no queríamos irnos de putas. Aquella noche me sentí sucio. De hecho, ni siquiera me gustaba el restaurante, que, naturalmente, había elegido aquel directivo, después de recibir una recomendación de un empresario ruso conocido suyo. Cuando se acercaba la camarera, él le ponía la mano en la cintura, cada vez más cerca del culo. Después le puso un pin en la camisa, junto al escote. El moscardón gigante iba desparramando su propia mierda.

Esta sensación de suciedad suele acompañarte cuando te toca sentarte en los reservados de esos restaurantes donde los camareros sirven los platos haciendo números más propios del circo. O en el interior de las salas VIP de los estadios o en los despachos donde te citan responsables de prensa enfadados. Existen excepciones, pero la gente que manda en el fútbol suele tener un gusto pésimo. De manera que organizan sus cenas y congresos en hoteles de lujo, antes de encaminarse a discos donde te sirven champán francés, a veces con una bengala clavada en el cuello de la botella para que los demás los miren. A las moscas les gusta pensar que todo el mundo les envidia. Curiosamente, en el mundo del fútbol es muy normal toparse con personas que no entienden de vinos ni de cavas. Da lo mismo, simplemente piden el más caro de la carta, que suele ser francés. Tampoco tienen ni idea de cocina. Prefieren que un cocinero turco les monte un espectáculo salando unos dados de carne, antes que conocer de dónde viene esa misma carne.

Tampoco entienden de coches, simplemente los compran caros, deportivos, de un color vistoso. Compran las cosas para llamar la atención. Todo es un gran circo lleno de moscas que revolotean alrededor manchándolo todo.

Admito que estoy siendo un poco injusto. En el fútbol también te encuentras muy buena gente, como en todas partes. Pero, como en las últimas décadas el fútbol se ha consolidado como un mercado económico seguro para invertir, cada vez atrae moscas más grandes. En este mundo cada vez más se mueven gruesos fajos de dinero, de manera que atrae a empresarios, políticos o buscavidas que quieren ganar mucho con un esfuerzo mínimo. Antes, las moscas eran el concejal de un ayuntamiento o el empresario que vendía estructuras de acero en provincias. Y ahora son el príncipe heredero de Arabia Saudí o el hombre más rico de Rusia. Moscardones globales.

Los que amamos este deporte nos pasamos la vida defendiéndolo. Y eso puede llegar a ser difícil. A veces te sientes como aquellos ambiciosos abogados que solicitan representar a un criminal sin que les importe de verdad si cometió un delito o no. Cuando defiendes el fútbol, sabes que en cierta manera les estás haciendo un favor a esas moscas cojoneras. Pero no puedes evitarlo. Todos tenemos nuestras contradicciones, todos cometemos pecados, todos tenemos nuestra propia mierda. El fútbol es la mía. De hecho, soy de los que defiende que lo han convertido en una mierda, no creo que este deporte naciese con un pecado original incorporado. Era solamente eso, un juego inocente. En esencia, entretenido y muy democrático, ya que prácticamente todo el mundo puede jugar. Solo se necesita un espacio pequeño, improvisar una portería con palos, libros, piedras... y una pelota. Que puede ser incluso una lata o unos calcetines gruesos transformados en una esfera. Dicen que Maradona aprendió a jugar así, con calcetines de lana convertidos en una pelotita a la que daba toques. Y con balones medio descosidos, que iban perdiendo peso cuando un patadón fuerte los destripaba. El primer contacto que solemos tener con el fútbol siempre acostumbra a ser un buen recuerdo: la mano de un abuelo, la bufanda que te hizo tu abuela, tus padres celebrando tu primer gol. Después llega la mierda.

Así defendemos el fútbol: diciendo que lo han convertido en una mierda. Pero es la mierda de muchos. La llevamos tan adentro, que siempre nos acaba emocionando. Puedes pasarte días, semanas o meses criticando a directivos corruptos, jugadores agresivos, aficionados violentos y fichajes que mueven cantidades de dinero indecentes, pero no puedes evitar que, el día de partido, tu corazoncito brinque cuando la pelotita, la puta pelotita, sale volando hacia la red. Un disparo puede cambiar tu estado de ánimo y, en parte, tu vida. No tiene el menor sentido, pero pasa. Cada semana se reproduce el hechizo: el fútbol vuelve a seducirte.

Hay que aceptar nuestro amor por un deporte convertido en una mierda. Tampoco hay que perder el tiempo discutiendo mucho rato con quienes lo critican por puro elitismo. Los mismos esnobs que necesitan posicionarse en contra de cualquier fenómeno popular, solo para dárselas de importantes. No hay nada más triste que esa gente a la que le hace falta cada dos por tres gritar a los cuatro vientos que no le gusta algo. Que interrumpe conversaciones para meter baza, para dejar bien a las claras que ellos no son como la mayor parte de los mortales. Ellos se creen más listos. Aunque no lo son, pobrecillos. Yo prefiero a la gente que acepta sus contradicciones, sus malos gustos y su mierda. Me gusta el fútbol.

¿Y qué? Quien esté libre de pecado que tire la primera piedra.

Así era Toni Negri. Considerado uno de los grandes intelectuales marxistas de la segunda mitad del siglo xx, enseñaba en universidades, escribía textos y se peleaba con políticos. Y lo hacía tan a menudo que acabó en la cárcel acusado de ser el ideólogo de grupos armados comunistas. Básicamente, era la última persona de la que te esperarías que fuese aficionado al fútbol. Pero lo era. Su pasión era el Milan. Incluso cuando tuvo que exiliarse en Francia, seguía necesitando saber qué había hecho su equipo. Una pasión que no abandonaría ni tan siquiera cuando un tal Silvio Berlusconi, empresario que, curiosamente, en su juventud no sentía el menor interés por el fútbol, compró el Milan. Negri vio como su equipo, entre cuya afición era normal ver estrellas rojas e imágenes del Che Guevara durante los ochenta, lo compraba el hombre que transformaría la política europea con la creación de una nueva derecha populista que, si era necesario, iba de la mano con los fascistas. Berlusconi echó a los aficionados de izquierdas del campo, promocionó la entrada de fascistas y fue creando, gracias al fútbol, una imagen de ganador que le ayudaría a dar el salto a la política con un partido que bautizó con el nombre de un cántico típico de estadio: Forza Italia. Todo el mundo le preguntaba a Toni Negri cómo podía seguir celebrando los goles del Milan con Berlusconi en el palco. «Se parece a estar enamorado de una mujer y que esta se vaya con un cabrón. O que se haga prostituta», se acabaría justificando el pensador, que, con el paso de los años, llegó a dudar más de sus ideales políticos que de su pasión futbolera.

Que Negri comparase a su club con una prostituta no me parece anecdótico. Es muy triste, pero la historia no escrita del fútbol es la que ha transcurrido en burdeles. De hecho, creo que la primera vez que oí la palabra «puta» fue en un estadio. Cuando era pequeño, mis padres seguían intentando no decir palabrotas en casa, pero mi padre era de aquellos que perdían el control cuando iba a un campo de fútbol. Así que un día tuve que preguntarle por la madre del entrenador de nuestro equipo, ya que, según él, era una puta. Y yo no sabía qué era eso. No me respondió, por supuesto. Pero, desde entonces, creo que la palabra que he oído más veces trabajando en el fútbol es «puta». Puta por aquí, puta por allá. Puta como insulto o como una palabra supuestamente afectuosa, prostitución para quien traiciona unos colores, putas que trabajan en redacciones faltando a la verdad y, naturalmente, las prostitutas de toda la vida, que, si algún día hablasen, podrían hacer caer a los hombres más poderosos de la industria del fútbol.

Normalmente, a las moscas les gustaba ir con prostitutas. Cuando preguntas cómo se han conseguido fichajes, la organización de mundiales o favores arbitrales, siempre acaban apareciendo burdeles de carretera. Quieres saber cómo era ese jugador que admiraba tu padre y descubres que al acabar cada partido iba a un prostíbulo. Y entonces, alguien pregunta por la razón de que las mujeres lo hayan tenido tan difícil para triunfar en este deporte. Ha costado porque durante décadas los mandamases eran hombres que las únicas mujeres que querían tener cerca eran prostitutas, hablando en plata. Hombres que, después de cerrar una gran operación, lo celebraban con fiestas toga. Personajes que creían que, para disfrutar de los favores de un árbitro, tenían que acompañarlo a un burdel de lujo, como se contaba que hacía el Ajax de Ámsterdam en los años sesenta y setenta. Curiosamente, el encargado de pasear a los árbitros extranjeros por el barrio rojo asegurándose de correr con todos sus gastos era uno de los mejores árbitros neerlandeses, Leo Horn. Sabía de qué pie calzaban sus compañeros de profesión.

En el fútbol, muchas veces da la impresión de que todo vale. Es un deporte sin santos. O con santos pecadores. El mismo Leo Horn, por ejemplo, era un hombre que había recibido un montón de premios, ya que durante la Segunda Guerra Mundial se había jugado la piel luchando contra los nazis. Horn era judío, así que, si lo hubiesen atrapado, habría sido ejecutado. Pero demostró su valentía y ayudó a salvar muchas vidas. Después, como árbitro, se decía que era un hombre recto. En 1964 le invitaron a dirigir la final de la principal competición de clubes sudamericana, la Libertadores, ya que los dos finalistas, el Independiente argentino y el Nacional uruguayo, no se fiaban el uno del otro. Se creía que, al traer a un colegiado europeo, se arbitraría la final con justicia, pero los argentinos sobornaron a los jueces de línea, dos paraguayos que, por lo visto, lo tuvieron todo gratis en los burdeles de Buenos Aires. Los acompañaba Julio Grondona, quien décadas más tarde sería uno de los hombres más poderosos del fútbol mundial. Horn se tomó mal todo este asunto. Pero, con el paso del tiempo, él mismo sería el encargado de acompañar a los árbitros que visitaban Ámsterdam para garantizar que pitasen bien contra su Ajax. Podríamos decir que todos tenemos un precio. O que a todos nos puede cegar el amor por unos colores. A Horn le perdía la pasión por el Ajax. Era su talón de Aquiles.

Aquí radica el punto débil del fútbol: nos gusta demasiado y los sentimos como algo nuestro. Ver como unas personas adultas hablan en primera persona de un partido, como si hubiesen sido ellos los autores de los goles, es ridículo. Ver como catedráticos, médicos y políticos van a trabajar con la camiseta del Nápoles cuando este club italiano gana la liga no parece serio. Encontrarse a punto de perder el trabajo y acostarse contento porque tu equipo ha ganado parece un comportamiento idiota. Y seguir el resultado de tu equipo en el funeral de tu padre parece una locura, aunque yo lo he hecho. ¿Por qué? Porque sabía que a mi padre le hubiera gustado. Porque era nuestro vínculo, porque sentíamos el Sabadell como una cosa nuestra. Y cuando sientes algo como tuyo, los límites de lo moralmente aceptable se vuelven más difusos.

Todos hacemos tonterías por amor, ¿no? El gran problema con el fútbol es este. Lo queremos. O, mejor dicho, queremos a un club, ya que hay que diferenciar entre la gente a la que le gusta el fútbol y aquellos que son de un equipo. A veces es algo compatible, pero en muchas ocasiones no. Hay gente que quiere a un equipo de fútbol y ya. Cuesta explicar esto cuando te pasa. No deja de ser una empresa privada, una asociación deportiva, un club o lo que sea, pero forma parte de tu vida. Lo tienes como algo muy normalizado. Organizas tu vida pensando siempre en su agenda. Los partidos de tu equipo comparten espacio en tu calendario con la comunión de tu ahijado, el cumple de tu tía y la mesa que reservaste hace ya unos meses en un buen restaurante. La gente que sabe cómo eres, antes de proponerte un plan, echa un vistazo al calendario futbolístico para prevenir una posible respuesta negativa. Ya saben que cuando se juegan determinados partidos, tú tienes otras prioridades. La pasión por ese equipo en concreto tal vez sea una herencia familiar. Quizá entró en tu vida en el patio del colegio o sentado ante la tele, cuando te quedaste fascinado ante un jugador que parecía especial, diferente, con un peinado muy moderno en una época gris.

Explicar la pasión por tu club resulta difícil cuando sabes que quien no la comparte no la entenderá. Los aficionados pasionales estamos destinados a quedar como unos idiotas cuando intentamos explicarla. Así que, muchas veces, no perdemos el tiempo haciéndolo. Hay gente que milita a ciegas en movimientos políticos y otros que seguirán a un grupo musical a los confines más remotos del mundo. Muchos teníamos familiares que enganchaban el adhesivo de un diario en el coche, ya que se sentían parte de un medio de comunicación. Algunos peregrinan a la tumba de su poeta preferido y otros prefieren desplazarse hasta un pueblo perdido de Murcia para ver como su equipo pierde un domingo en vez de pasar el día en la playa. Cosas del amor.

El fútbol ha conseguido conectar con nosotros más que otros deportes. Y no porque fuese el primer deporte moderno, no. Muchos historiadores han investigado bien sobre el tema hasta el punto de demostrar que, a finales del siglo XIX, el rugby y el críquet estaban mejor organizados y gozaban de mayor difusión por todo el planeta que el fútbol. Hay algo inexplicable en este deporte que ha conseguido que triunfe. Tal vez el rasgo de ser menos violento que el rugby pero, aun así, lo suficiente como para representar naciones. Como decía Paul Auster, «los europeos encontraron una manera de odiarse sin hacerse trizas. Ese milagro se llama fútbol». Sin el fútbol, puede que hubiera más guerras, quién sabe. La cuestión es que el fútbol se hallaba en el lugar ideal en el momento perfecto, a inicios del siglo XX, cuando estaban naciendo nuevos Estados que necesitaban crear una identidad para hacerse respetar, con la ciencia y la educación enseñando que hacer deporte era algo bueno; ya podían los obispos decir misa sobre el tema.

Una época en que la gente ya emigraba mucho, especialmente del campo a las nuevas ciudades, lo que convertía los estadios en un lugar de encuentro ideal. El fútbol se hace adulto justo en una época en que se están definiendo nuevas identidades, nuevos modelos de barrio en las ciudades, y en que los Estados nación, que se han ido organizando durante el siglo XIX, reclaman cambios de fronteras cada dos por tres. Todos los colectivos, tanto los ganadores como los perdedores, encontraron en un equipo de fútbol un espacio de representación que les permitía enfrentarse a sus enemigos cada semana sin que la sangre llegase al río. Si políticos, empresarios o colectivos han utilizado el fútbol una y otra vez, es porque lo hemos empoderado. Porque le hemos dado el valor de representar ideas que nos importan.

El siglo XIX es el del nacimiento del deporte moderno, pero también el del estallido del nacionalismo, especialmente después de 1848. Un siglo donde se reivindicaban lenguas oprimidas y viejos reinos, y nacían asociaciones nacionalistas de Italia a Hungría, de España a Rusia. Movimientos que encontraron una nueva forma de expresión en el deporte. Lo descubrió el historiador Eric Hobsbawm. Cuando era un niño, a finales de los años veinte, se mudó con unos parientes a Viena, después de la trágica muerte de sus padres, ciudadanos británicos judíos. El joven Hobsbawm se enamoró del fútbol en aquella ciudad fascinante llena de pintores, arquitectos y músicos que lo reformulaban todo. También repensaban el fútbol, con debates en los cafés vieneses donde los filósofos decían la suya y charlaban con los entrenadores. Hobsbawm se enamoró de uno de los clubes de moda, el Rapid de Viena, pero sus compañeros de clase le dijeron que aquello no podía ser: siendo judío le tocaba ser aficionado del Hakoah. Ya por aquel entonces los clubes representaban colectivos nacionales. En Viena, el Austria era un club nacionalista conservador, el Rapid se consideraba el club de los obreros y el Hakoah, el de los judíos. Este último llegaría a ganar la liga en 1925, solo dieciséis años después de su fundación por parte de unos judíos que se sumaron a la corriente conocida como «judaísmo muscular», un movimiento nacido después de ver como en esa nueva era de nacionalismos, cada vez se vivían más casos de antisemitismo como el caso Dreyfus en Francia o los pogromos en el Imperio ruso. Hasta aquel momento, los judíos religiosos eran contrarios a la práctica del deporte al ser gente conservadora. Los judíos consideraban que su destino solo lo decidía Dios y hasta entonces no habían sentido la necesidad de defenderse u organizarse. Pero todo estaba cambiando y en esa misma época nacía el sionismo político, en el que el deporte jugaría su papel mediante la creación de clubes deportivos en los que se practicaba el boxeo o el fútbol. Aún hoy en día, los principales equipos deportivos de Israel son hijos de aquella época.

Cada vez que te topas con un equipo llamado Maccabi, esto quiere decir que sus fundadores fueron religiosos conservadores, mientras que cuando ves un Hapoel, palabra que en hebreo significa «obrero», esto implica que lo crearon socialistas. El Hakoah serviría de ejemplo a otras comunidades judías de Europa debido a sus éxitos. Se había convertido en un embajador de una causa y, por eso, los compañeros de clase de Hobsbawm le decían que él tenía que ser aficionado de aquel equipo en el que al principio solo había jugadores judíos. Sin embargo, los directivos decidieron rápidamente fichar a jugadores de otras confesiones religiosas cuando entendieron que así sería más fácil ganar títulos. Y si ganaban títulos, sumaban más aficionados entre las comunidades judías de media Europa o Estados Unidos, territorios por donde realizaron giras. Y sumar más aficionados también significaba ganar más dinero y poder político. Las giras internacionales de hoy en día no son tan diferentes de las que llevaban a cabo equipos como el Hakoah.

La gente empezó a acudir a los primeros campos cuando entendió que aquella panda de señores calzados con pesadas botas los representaban. Pensad en una ciudad clave en el nacimiento de este deporte, Glasgow. A finales del XIX, era una de las urbes más emprendedoras y contaminadas del planeta. Cada semana se levantaba una nueva chimenea y llegaban a las fábricas miles de trabajadores para ser usados como carne de cañón. La revolución industrial siempre estará ligada al éxito del fútbol, ya que ambos fenómenos crecieron de la mano. Gran parte de los obreros que llegaban a Glasgow eran irlandeses que huían del hambre

y la opresión en su isla. Estos mismos irlandeses se encontraban con una sociedad
en la que los empresarios, todos ellos nacionalistas británicos protestantes, los mi-
nusvaloraban. Les daban los peores trabajos, les pagaban los peores salarios y les
concedían escasos derechos. Los irlandeses
estaban mal vistos, pues tenían la ocurren-
cia, ya ves qué pecado, de no sentirse británicos. Con los adultos trabajando muchas
horas en una época en que las jornadas pa-
recían no tener fin, los jóvenes y los niños
acababan en la calle, portándose mal, pe-
leándose con las pandillas de jóvenes locales, robando y bebiendo. Así que algunos
curas católicos irlandeses crearon clubes de
fútbol para alejar a los jóvenes de esta mala
vida. De esta manera nacieron el Hibernian
en Edimburgo y el Celtic en Glasgow, con
nombres irlandeses y una masa social que
rápidamente descubriría que, en el fútbol,
podían conseguir derrotar a los poderosos

con más facilidad que en la calle o en las elecciones. El Celtic llegaría a ser un refugio para miles de irlandeses oprimidos por una sociedad sectaria. Cada vez que ganaban al Rangers, el equipo preferido de los protestantes de Glasgow, se montaba una gran fiesta en los barrios de inmigrantes. Así se forjan identidades. El pecado de la politización del fútbol es prácticamente igual de antiguo que el primer disparo a puerta. A veces hay gente que critica este deporte por estar demasiado politizado. Pero eso no es culpa del fútbol, sino de la sociedad. Ya hablaremos de ello más adelante. De hecho, el caso del Celtic nos demuestra que el fútbol no siempre es una mierda. Un club que ayuda a una comunidad y que, en cierta manera, limpia la porquería de la sociedad.

Algunos clubes se mueven en un frágil equilibrio, como los funambulistas, e intentan mantener ciertos valores pero sin dejar de ganar dinero. Entre el negocio y la comunidad, intentando que las moscas que lo ensucian todo no los manchen demasiado. El Celtic sería un buen ejemplo de ello. O podemos viajar un poco más al sur, a Liverpool. Allí sufrían los mismos problemas que en Glasgow. Una ciudad en pleno crecimiento, con muchísimo humo y contaminación, con edificios cada vez más altos y habitaciones cada vez más pequeñas. El progreso tiene estas cosas: mientras los bolsillos de unos se hinchan con montones de dinero también crece la miseria en los barrios más modestos. En este puerto británico, los pubs se llenaban de hombres con la salud cascada y escasos dientes, las mujeres sacaban horas de donde fuera para alimentar a decenas de niños y los chicos se convertían en matones en busca de camorra. Había prostitución y delincuencia. La revolución industrial hizo que todo creciera a una velocidad nunca vista hasta entonces, y lo mismo pasó con problemas como el alcoholismo. En Liverpool, por ejemplo, existía una congregación religiosa metodista que hacía campaña contra la bebida y que decidió fundar un club de fútbol para alejar a los chicos de la mala vida. El club que fundaron fue el Everton, que hoy en día sigue siendo muy popular. Y el Everton lo hizo tan bien que empezó a reunir a miles de espectadores que se amontonaban alrededor de una valla de madera para ver los partidos. Había que crecer a través de un estadio más grande. Y aquí entró en acción John Houlding, un empresario local que ofreció unos terrenos para construir un estadio con cara y ojos. Todo parecía ir bien. Houlding entró en la directiva del Everton y alquilaba el campo al club a un buen precio. Y el equipo seguía creciendo.

Pero el capitalismo, ya lo sabemos, prioriza ganar dinero por encima de la moralidad. Las moscas se sienten atraídas por la

mierda, pero también por la miel. Y Houlding se olía que el fútbol con valores positivos podía ser un buen negocio. Así que
decidió subir el alquiler del campo. Uno de
los primeros negocios que surgió alrededor
del fútbol fue este: entender que si eras el
propietario de los terrenos, podías levantar
unas vallas, poner una puerta y cobrar entrada. Las primeras entradas para ver partidos están documentadas hacia 1860, aunque, en el fondo, solo se copiaba lo que ya
hacían los antiguos romanos, quienes también cobraban a los espectadores por asistir
a espectáculos. Y ese era el caso de Houlding, que no solo tenía terrenos: también
era un cervecero que obligaba a los jugadores a cambiarse en los lavabos de un pub
de su propiedad que tenía justo al lado del
estadio. Era una contradicción: un club fun-
dado por hombres que militaban en el movimiento por la templanza, es decir, que estaban a favor de la abstinencia, veía cómo,

gracias a su equipo, un cervecero ganaba dinero y los aficionados acudían a un pub del cual muchas veces salían rodando, borrachísimos. El divorcio era inevitable. El Everton envió a paseo a Houlding, compró unos nuevos terrenos y construyó su propio campo. Houlding, cuando vio que se quedaba con un estadio vacío, decidió crear su propio club. No le fue mal, aquel equipo que iba a vestir de rojo sería bautizado como Liverpool F. C. Houlding entendió que, si el club llevaba el nombre de la ciudad, tenía más opciones de sumar aficionados. Siempre demostró tener más visión comercial que los parroquianos del Everton. Por cierto, más de un siglo después, el Everton firmó un contrato de publicidad con la cerveza tailandesa Chang. Hacía ya décadas que su afición había olvidado aquellos años en que eran un club que defendía ser abstemio. También el Liverpool cambiaría mucho.

A los aficionados del Everton ya no les importa lucir publicidad de cerveza de la misma manera que otros aceptan llevarla de casas de apuestas o de fondos inversores de Estados nada democráticos. Hace ya demasiado tiempo que los aficionados priorizan ganar como sea. Cuando, después de años de miserias, un fondo inversor saudita compró el Newcastle, sus aficionados se disfrazaron de jeques árabes para celebrarlo, haciendo caso omiso a las denuncias de ONG sobre los crímenes contra la humanidad cometidos por los inversores. Poco les importaba esto a los aficionados, que se olían que por fin iban a ganar algo, como finalmente pasó con la Copa de la Liga de 2025. Todo vale. Igual que un club de fútbol es parte de nuestra identidad, también es el espacio ideal para que unos empresarios sin escrúpulos limpien su imagen. El aficionado no quiere saber si su presidente es un criminal, sino que le dé esperanza. El Real Madrid sería un buen ejemplo de lo anterior. El Barça tampoco se escapa de esto.

Todo vale en el palco o en el terreno de juego. Cuando era un crío, mi padre siempre me decía que había que presionar a los árbitros en el campo gritándoles, incluso cuando era evidente que habían acertado con una decisión. «Que tengan miedo», razonaba. El técnico argentino Carlos Salvador Bilardo llevaba esto hasta el extremo, como demostró cuando le tiró de las orejas a su masajista en el Sevilla porque había ayudado a un jugador del Deportivo de La Coruña con una brecha en la cabeza. «Los de colorado son los nuestros», le gritaba, en referencia al color de la camiseta del Sevilla. Cuando el pobre hombre argumentó que había priorizado ayudar al futbolista que se había hecho daño de verdad aunque fuese del adversario, Bilardo le respondió: «¡Al contrario pisalo!». Igual que si fuese una guerra. Y como esta anécdota tenemos centenares de Bilardo. A su alrededor se ha generado una leyenda que lo convierte en un personaje odioso y fascinante a un tiempo. Un hombre que se doctoró en Medicina y que, de jugador, llevaba agujas escondidas en la camiseta para pinchar a los adversarios en pleno partido. «Como soy doctor, tengo claro dónde puedo pinchar», decía socarrón. Es increíble como se ha normalizado en el fútbol el engaño y el juego sucio. Un jugador cae rodando por un contacto leve, gritando como si le hubiesen amputado la pierna sin anestesia, y nos parece normal. Todo esto da asco. Pero después pienso que tal vez el fútbol sea más honesto que otros sectores de la sociedad más hipócritas, donde se eleva a los altares a tramposos que fingen que no lo son. En el fútbol, como mínimo, se disimula poco. ¿Acaso no hay académicos que copian trabajos o artistas que pagan por ganar premios? ¿Acaso no hay cantantes que hacen *playback* con la voz de otros?

Todo se justifica para soñar con que tu equipo levantará un trozo de metal. Justificamos que un jugador finja una agresión, los insultos o el lanzamiento de objetos. Cuando el catalán Òscar Garcia Junyent dirigía al Olympiacos griego, su equipo visitó el campo del PAOK de Salónica en un partido clave para decidir cuál de los dos sería campeón de liga. De la grada cayó un objeto que le dio en la cabeza: nada grave, un chichón y un poco de sangre. El presidente del Olympiacos, sin embargo, le exigió que volviese al vestuario, se tumbase y fingiese perder el conocimiento. El doctor del club solicitó a la Cruz Roja que llevasen al entrenador al hospital, aunque realmente no hacía ninguna falta. Se exageró la agresión sufrida, ya que así era probable que se suspendiera el partido y se diese la victoria a los visitantes en los despachos. Por cierto, el presidente del Olympiacos es Evangelos Marinakis, investigado por corrupción y por su relación con grupos mafiosos. Este empresario, hijo de una estirpe de armadores de barcos, para evitar perder el control de los negocios en el puerto del Pireo creó un partido político propio, puso enfrente de él al vicepresidente del equipo de fútbol y consiguió que lo eligieran alcalde. El nuevo consistorio, por supuesto, se preocupa mucho de los negocios de Marinakis y de su club. Todo vale para ganar, ya sea en los negocios, la política o el fútbol. También en Grecia, el presidente del PAOK de Salónica era un ruso de origen griego, Ivan Savvidis, que se paseaba por su estadio con una pistola. Ya solo los presidentes de clubes de fútbol griegos darían para un libro. Estas son moscas bien alimentadas.

Este deporte se ha convertido en lo que vemos hoy en día gracias a esta especie de hombre poderoso que cree que siempre ganará. Moscas cojoneras que se pasean por los estadios desde hace más de un siglo. Personajes turbios que muchas veces sienten la necesidad de sellar sus pactos mediante prostitutas. Un tipo de gesto primario por el que, después de cerrar un acuerdo, esos hombres deciden follar juntos. Como si fuera el ritual de una religión pagana o una demostración de masculinidad. Seguramente de fragilidad, aunque ellos lo nieguen. Creedme, cuando trabajas en el mundo del fútbol y te cuentan viejas batallitas, siempre acaban apareciendo prostitutas. El destino del fútbol lo han escrito personajes como estos, gente sin alma que intenta mandar más que los que quieren de verdad a este deporte.

El fútbol moderno nace a mediados del siglo XIX, justo en el mismo momento en que se fortalece la figura de un nuevo tipo de ciudadano, aquel que creará un mundo en el que, si juegas bien tus cartas, da la impresión de que podrás hacer lo que quieras. Hay que entender el cambio de paradigma que significaba aquella nueva sociedad burguesa. Durante siglos, si nacías pobre, ibas a serlo de por vida. Y si nacías esclavo, ibas a pasarte la vida cargando cadenas. Algunos conseguían cambiar de vida, pero eran pocos. Con aquel nuevo mundo se rompía con estas ideas. Podías emigrar a Estados Unidos o a Argentina, donde había nuevos Estados que te daban un trozo de tierra si eras el primero en llegar... y, eso sí, echabas a los indígenas que vivían allí. Era una época en que cambiaban las leyes y los parlamentos quitaban poder a los monarcas. De repente, quien tenía cuatro buques mercantes era más poderoso que un noble con un castillo. El nacimiento del fútbol coincide con el asalto al poder de esos banqueros, comerciantes e industriales que se llenaban la boca hablando de la libertad para hacer negocios, mientras negaban los derechos más básicos a sus trabajadores, a quienes hacían bajar a las minas sin medidas de seguridad durante más de 12 horas diarias. Todo valía para ser rico. Y esta gente resultó clave en el éxito del fútbol. ¿Y cómo lo consiguieron? Fácil. No es que robasen el fútbol al pueblo, como se suele pensar, sino todo lo contrario: se lo robaron a los aristócratas.

Porque hubo una época muy corta en la que el fútbol no generaba dinero. A mediados del siglo XIX era un juego de caballeros que estudiaban en universidades elitistas. Vestían de blanco, dominaban las lenguas clásicas y estaban destinados a ocupar un cargo importante en cualquiera de los confines del Imperio británico. Hablamos de *Sirs*, *Earls*, condes y marqueses que marcaban goles cuando no estaban en la caza del zorro o en medio de un baile. Gente que tenía tiempo libre y entendía que había que estar en forma. Una de las revoluciones del siglo xix es la de la ciencia y la medicina, que avanza dando pasos de gigante y permite conocer mejor nuestros cuerpos. Durante el siglo xix tenemos un sinnúmero de médicos en Alemania o en Inglaterra que defienden cuidar el cuerpo mediante la actividad física, un momento clave para el desarrollo de los deportes modernos. En Inglaterra nació el conocido como «cristianismo muscular», un movimiento que buscaba la perfección espiritual mediante el deporte y la higiene, y que consideraba un deber patriótico cuidar el cuerpo haciendo ejercicio. Una moda que entra con fuerza en los campus universitarios del Imperio británico. A ello ayudaba que Inglaterra no fuese un Estado católico: durante años la Iglesia católica miraba con malos ojos a cualquier persona que vistiese calzón corto y sudase en público.

El deporte moderno nace en Reino Unido, donde ya existían actividades como el críquet, las carreras de caballos y el boxeo.

ria del fútbol tuvo lugar en 1879 en Darwen, una población cerca de Manchester conocida por su industria textil. En aquella época, en Inglaterra ya existía la FA Cup, la Copa, competición que siempre ganaban los equipos creados por exestudiantes de buenas universidades, como los Old Etonians, los Royal Engineers o los Old Carthusians. Pero iban surgiendo clubes vinculados a las fábricas del norte, donde el propietario ayudaba con unos dinerillos a equipos donde los jugadores eran los propios trabajadores. Sin embargo, estos clubes siempre salían escaldados cuando les tocaba enfrentarse con los elegantes señoritos, que tenían más tiempo libre para entrenar, estaban mejor alimentados y tenían más experiencia. En 1879, no obstante, el Darwen se plantó en cuartos de final de la Copa y protagonizó un duelo épico con los Old Etonians en el que hubo que jugar tres partidos para decidir el ganador. A los futbolistas de Eton les extrañó mucho la mejora de nivel de su rival y, especialmente, la presencia de dos jugadores con acento escocés. Eran Fergus Suter y Jimmy Love, considerados los dos primeros profesionales de la historia del fútbol. Se trataba de un albañil y de un obrero de Glasgow que jugaban en un club llamado Partick, con el que habían impresionado a la gente de Darwen durante un partido amistoso. Escocia estaba creando una escuela propia, basada en la técnica y en pasar bien el balón, en una época en que el estilo de los ingleses era lanzar balones largos, cuerpear y emplear algo de violencia. Así que el presidente del Darwen les propuso que fichasen por su equipo. Pero existía un grave problema, ya que por entonces estaba prohibido cobrar por ser deportista. Así que la trampa se ejecutó ofreciéndoles un buen sueldo por trabajar, en teoría, en la fábrica. Los dos escoceses pasaban cada día a fichar, pero no hacían nada allí. Se limitaban a entrenar y a pensar en el fútbol. Es decir, les pagaban como futbolistas profesionales.

En verano de 1880, el escándalo fue mayúsculo cuando otro club de los considerados obreros, el Blackburn Rovers, fichó a Suter con la misma táctica: un buen sueldo a cambio de un trabajo que no tenía que hacer. Así nacen las rivalidades, por cierto: hubo peleas entre aficionados de los dos equipos durante el primer partido entre ellos después del polémico fichaje de Suter. Los clubes controlados por antiguos universitarios propusieron en una reunión de la Federación expulsar a los equipos que pagasen sueldos a los jugadores, defendiendo la necesidad del amateurismo. Esgrimieron que el deporte tenía que ser ético y puro. Los propietarios de los clubes de ciudades obreras soltaron una risita burlona y defendieron que había que modernizarse y que no pasaba nada por pagar un sueldo a los jugadores. Y añadieron que, si no se aceptaba su propuesta, estaban listos para provocar un cisma, escindirse y crear una federación propia. Ganaron la votación y se abrió así la puerta a la profesionalización. Nunca más un club de antiguos estudiantes ganaría ningún título: la revolución burguesa era imparable también en el fútbol. ¿Hicieron trampas clubes como el Darwen y el Blackburn? Claro que sí, pero de esta manera ganaron la batalla.

Las trampas son algo tan viejo como ir a pie. Si visitáis el yacimiento arqueológico de Olimpia para ver dónde se celebraban los juegos olímpicos de la Antigüedad, encontraréis una avenida llena de pies de estatuas donde se levantaban las figuras de Zeus, que debían sufragar de su bolsillo aquellos atletas a quienes habían pillado haciendo trampas para pedir perdón. Tenemos documentados desde hace ya cuatro mil años a boxeadores que sobornaban a

sus rivales para que se dejaran ganar, ciudades griegas que robaban atletas a los vecinos y tramposos en general. Lo que hicieron los empresarios de Darwen ya lo habían
hecho en las polis griegas. Cuando te encuentras con personas que defienden hoy
en día que el fútbol es un deporte limpio,
no puedes evitar sentir cierta compasión
por ellos. Pobrecillos, ya se caerán del ca-
ballo. Recuerdo que, de adolescente, des-
cubrí que un partido que había visto de pequeño en el campo y que había mitificado
se había decidido en realidad más por los
maletines llenos de dinero que por los goles.
No existe ningún club de fútbol que en algún momento de su historia no haya intentado comprar a los árbitros o a un rival. Ni
uno, creedme. También el tuyo ha hecho
trampas en algún momento, así que acép-
talo ya.

El fútbol no deja de ser un espejo donde
se reflejan las vergüenzas de nuestra socie-

dad. Un mundo donde muchas veces gana el que está dispuesto a todo. Por eso existe el dopaje, pero también ha habido casos en que se ha intentado envenenar la comida de los jugadores rivales para producirles dolor de barriga. En muchos países todavía es normal que un club se traiga toda la comida y las botellas de agua bien cerraditas en el equipaje cuando juegan fuera de casa, pues no quieren que les cocinen nada en la ciudad de los adversarios. Ya me perdonarán los letraheridos, pero una de las cosas que más me gusta del fútbol es la capacidad de crear situaciones tan sorprendentes que parecen propias de guiones o cuentos. Este deporte nos regala personajes que habría podido inventar Gabriel García Márquez, ya que se mueven en el límite entre la realidad y la ficción. Brujos africanos atando muñecos a los palos de las porterías para hacer vudú, un portero chileno que esconde una navaja en los guantes para hacerse un corte

y fingir que lo han agredido con una bengala, futbolistas que consiguen encadenar un
fichaje tras otro sin que nadie se dé cuenta
en ningún momento de que en realidad no
saben jugar al fútbol, dictadores locos que
deciden las alineaciones pensando que saben más que los entrenadores...

Eso sí, si olfateas un poco qué hay de-
trás de cada historia, por divertida que pue-
da parecer a primera vista, te llega el olor a
mierda. Una de las anécdotas más curiosas
de los mundiales de fútbol es la de una falta en 1974 durante un Brasil-Zaire. El defensa africano Joseph Mwepu Ilunga estaba
en la barrera esperando el lanzamiento por
parte de los brasileños. Y antes de que el árbitro pitase, salió corriendo para alejar el
balón de un fuerte disparo. Cualquier persona que conozca las normas del juego sabe
que eso es ilegal. Así que la prensa europea,
con esa mirada entre colonialista y paternalista, explicó en sus artículos que los jugado-

res de Zaire no conocían siquiera las reglas básicas del juego. La gente tiró de bromas y chistes sobre el defensa, perpetuando con ello el tópico del africano ignorante. En realidad, Mwepu Ilunga tenía miedo. En el partido anterior, Zaire había sufrido una goleada muy dura ante Yugoslavia, en la que había encajado nueve goles. Así que el dictador de la actual República Democrática del Congo, el temido Mobutu Sese Seko, hizo llegar un mensaje a sus futbolistas: si el duelo contra los brasileños acababa con un nuevo desastre, habría represalias. Estaba prohibido recibir más de tres goles. Imaginad el miedo de los jugadores, que sabían de qué pie calzaba aquel sanguinario militar que se había hecho con el poder gracias al apoyo de norteamericanos y belgas. Lo que hizo Mwepu Ilunga cuando chutó la pelota fue perder tiempo. Intentaba que se jugara cuantos menos minutos mejor, para conseguir así que los brasileños marcasen pocos goles. Naturalmente que conocía las reglas del fútbol, era un jugador internacional campeón de África tanto con su selección como con su club. Podría escribirse un cuento o hacer una película solo con la historia que se oculta tras aquella falta en un Brasil-Zaire. Nada es lo que parece.

Los dictadores siempre han utilizado el deporte. Bueno, en realidad usan cualquier cosa para seguir en el poder. Todo es política y los dictadores lo manipulan todo a su gusto. Ya Mussolini consiguió organizar el segundo Mundial de la historia en 1934, poco antes de que Hitler tuviera unos Juegos Olímpicos en Berlín. Y la España de Franco usó el fútbol como un gran embajador. Nada mejor para intentar hacer olvidar a la gente que era una dictadura fascista que tener buenos futbolistas y folclóricas y abrir las playas al turismo, ¿verdad? De hecho, España se ganó el derecho de ser organizadora de un Mundial con Franco vivo.

Cuando se celebró finalmente, en 1982, el dictador ya estaba muerto, pero muchas veces se olvida de que la FIFA confirmó que la España franquista organizaría aquella cita en 1968, con Franco dando discursos y firmando penas de muerte. En cambio, Argentina se ganó el derecho de organizar la Copa del Mundo de 1978 siendo una democracia y, cuando llegó el día del partido inaugural, se había convertido en una dictadura. Mandaban moscas con uniforme militar, aunque Videla prefirió estar en el palco con corbata, para ofrecer una imagen más civilizada. La organización del Mundial por un Estado donde desaparecían centenares de personas no fue razón suficiente para convencer a la FIFA para cambiar la sede. Si vais a Buenos Aires y visitáis la Escuela de Mecánica de la Armada, la ESMA, donde se torturó a tantas personas, un espacio convertido en museo hoy en día, podréis comprobar que los presos oían los goles que se marcaban en el estadio Monumental, que queda muy cerca. Si resulta necesario hablar de política en el fútbol es precisamente para evitar que triunfe esa visión del deporte que lo considera un juego de niños, un deporte banal, un espectáculo vacío de contenido. Y no lo es. A los dictadores les interesa que parezca eso cuando usan el fútbol para limpiar su imagen, pero no lo es.

El fútbol es víctima de su éxito. Atrae a gente sin escrúpulos que lo utiliza para triunfar. Personajes como Silvio Berlusconi en Italia, Jesús Gil en España o Bernard Tapie en Francia combinaron política, negocios y fútbol en sus carreras hacia la gloria. Lo hicieron en ocasiones de forma grotesca, ya que tanto Berlusconi como Tapie llegaron a ser cantantes, a pesar de desafinar bastante. Todos ellos crearon partidos políticos en los que usaban la imagen de ganador que les había dado el fútbol para sumar votos. Berlusconi se salió con la suya hasta el final, a diferencia de los otros dos, que acabaron en la cárcel. Esta clase de propietarios modernos de clubes vendrían a ser los descendientes rebeldes de aquellos primeros directivos del Reino Unido del siglo xix.

También hay que reconocer que algunos de los pioneros de nuestro fútbol eran gente con valores y honesta, por supuesto. No todos eran personajes sin escrúpulos. Muchos de aquellos empresarios eran benefactores y mecenas de buenas causas. No todo es blanco o negro. Por ejemplo, el padre del F. C. Barcelona, Joan Gamper, fue un hombre honesto que defendió siempre que el deporte fuera una escuela de valores e intentó alejar lo máximo posible el profesionalismo, ya que entendía que, cuanto más dinero entrase en el fútbol, más complicado sería que fuese un espacio seguro. Mientras muchos empresarios veían el fútbol como una forma de ganar poder, otros iban a hacer suyos los ideales de amateurismo que habían impuesto los aristócratas en lugares como Cambridge o Eton. Gente como Gamper, por ejemplo, entendía que el deporte podía aportar valores positivos a aquella nueva sociedad que daba sus primeros pasos por entonces.

Muchos de los padres del fútbol moderno fueron personas involucradas en la política, la cultura o los deportes. Organizaban congresos, inauguraban museos, asistían a conciertos y militaban en partidos políticos. A finales del siglo XIX nacía un nuevo mundo y todos tenían claro que el fútbol iba a ser un actor social más. Entonces nadie lo banalizaba. Un ejercicio muy enriquecedor es leer las biografías de los fundadores de algunos clubes que han hecho fortuna. Prácticamente siempre eran burgueses, comerciantes o artistas que jugaban al fútbol, pero también participaban en otras actividades sociales. Entre los primeros socios del Bayern de Múnich alemán nos encontramos con escultores, fotógrafos, científicos y profesores universitarios. En el Barça algunos apellidos nos remiten al mundo de las artes, la arquitectura y el comercio. En la Juventus italiana se cruzan los caminos de los padres de la industria del automóvil con el fútbol. Bueno, este tal vez no sería un buen ejemplo de valores, ya que en su nacimiento tenemos incluso dos muertes sospechosas de rivales de la familia Agnelli, la misma que se haría con el poder en la FIAT y en el equipo de fútbol. Nada es blanco o negro.

Es difícil no sentir empatía hacia gente como Gamper y los directivos que quisieron defender un fútbol que fuese una escuela de valores y no un negocio salvaje. Hace un siglo Gamper ya se peleaba con los futbolistas por los salarios, unas reuniones tal vez no demasiado alejadas de las actuales, en las que los jugadores reclaman una subida de sueldo amenazando con marcharse a Arabia Saudí para hacerse millonarios si no les hacen caso. Las cifras que mueve el fútbol actualmente son muy exageradas. Ha nacido la figura de los representantes, unas personas con mucho poder que se llenan los bolsillos moviendo a los deportistas de un lado a otro, como si fuesen un producto, con la misma habilidad con la que los comerciantes vendían tejidos o café hace un siglo. Y como ellos negocian el cobro de una prima por sus servicios, no les interesa que un jugador se arraigue en una ciudad. Cada vez cuesta más encontrar a un deportista que juegue toda su carrera en el mismo club. Y así se pierde la identidad.

Como dicen los detectives en las películas, hay que seguir el rastro del dinero para entender las cosas. Y eso también pasa en el fútbol. Si lo sigues, el camino te lleva hasta el palacio de oro de un jeque árabe. Antes te llevaba a los despachos *art déco* de comerciantes e industriales. A veces, si quieres entender la historia de un país, puedes echar un vistazo a quién mandaba en sus equipos. En el Barça es así, ya que se pasó de una era en la que los presidentes eran empresarios de la industria textil a tener en el palco al rey del ladrillo en la era del *boom* de la construcción, Josep Lluís Núñez. En Madrid, tres cuartos de lo mismo. El gran rey de los constructores, Florentino Pérez, se hizo con la presidencia del Real Madrid en un contexto concreto de la historia de España. Pérez entendió que, para ser uno de los hombres más poderosos del país, le iba bien presidir el Madrid, controlar aquel palco donde se encuentran jueces, políticos y militares. La presidencia lo beneficiaba para mejorar su imagen, tejer una buena red de contratos y ampliar los negocios a nivel internacional aprovechando el hecho de que, cuando eres el presidente de un equipo famoso, te conoce todo el mundo. En Cata-

luña muchos políticos admiten que el presidente del Barça es más popular que el de la
Generalitat. En España pasa prácticamente lo mismo con el presidente del Real Madrid. No es ninguna casualidad que, muchas
veces, el club blanco haya fichado a jugadores de un país concreto justo cuando la
empresa de Pérez cerraba negocios allí para
construir infraestructuras. Todo está conec-
tado. La historia de España es la historia
del palco del Madrid, aquel club que, según Raimundo Saporta, histórico directivo
de la entidad, «en tiempo de monarquía era
el club más monárquico, en tiempo de República el más republicano y con Franco, el
más franquista».

Al moverse tanto dinero, al fútbol se aproxi-
man todo tipo de moscas. Hace más de cien-
to cincuenta años, por ejemplo, ya tenemos
documentados casos de apuestas. Un fenó-

meno que tampoco es nuevo. Todo está inventado. Simplemente cambia el volumen de dinero y la forma en que puedes jugar. Ahora puedes apostar por internet a partidos de la segunda división de Nicaragua, cuando antes solo podías apostar en el pub junto al campo de tu barrio. Si pudiese, prohibiría las apuestas. Generan ludopatía y crean la ilusión de que puedes hacerte rico sin salir de casa. Y todo para engordar un negocio en el que hay grupos mafiosos que desvirtúan el juego. Antes tal vez resultaba difícil convencer a un jugador para que perdiese un partido, pero ahora puedes hacerle caer en la tentación de forzar una tarjeta amarilla antes del minuto cinco de la primera parte. Una acción que le permite seguir aspirando a ganar el partido y que habrá dado beneficios a quien haya apostado por ese dato en concreto: una tarjeta tempranera. Cuando un grupo mafioso detecta un equipo modesto donde el presidente no paga los sueldos, se acerca a los jugadores que se han quedado sin ahorros y les ofrece dinero a cambio de que hagan lo que ellos digan. En 2013, la Europol, la Oficina Europea de Policía, destapó la mayor red conocida de corrupción internacional en el fútbol, que actuaba en quince países e influyó en más de trescientos ochenta partidos oficiales en dos años. El centro de operaciones de esta red estaba en Singapur, de donde salían las órdenes que cambiaban el resultado de los partidos.

Nada nuevo, en el fondo. A finales del siglo XIX ya hubo casos en el fútbol inglés o en el béisbol norteamericano. Un episodio muy sonado en Inglaterra fue el de la última jornada de liga de 1915, en que el Manchester United necesitaba derrotar el Liverpool para evitar bajar a Segunda. Y lo consiguió, imponiéndose por 2-0 en un partido que apestaba a la legua. Los futbolistas del Liverpool no metían la pierna, perdían con facilidad la pelota y se veía que había conversaciones extrañas entre los jugadores. Una investigación demostró que siete futbolistas, cuatro del Manchester United y tres del Liverpool, habían pactado que el partido tenía que acabar 2 a 0. Y apostaron una buena cantidad de dinero a ello, por supuesto. Muchos de sus compañeros no sabían nada de ese acuerdo. Así que los tramposos se encargaban de intentar mantener el control del partido fallando ocasiones de gol, algo que hacía enfadar a los otros jugadores, que se olían que algo no iba bien. Por lo que parece, influyó el hecho de que ya hubiese comenzado la Primera Guerra Mundial y los deportistas tuviesen claro que la siguiente edición de la liga no iba a empezar y que tal vez les tocaría ir al frente. Así pues, pensaron en sacarse un dinerillo extra. Tenían razón: la guerra lo detuvo todo y, de hecho, uno de los tramposos, Sandy Turnbull, murió en las trincheras francesas.

Otro de los futbolistas que participó en aquel partido de 1915 fue el irlandés Paddy O'Connell, quien años más tarde sería entrenador del Barça. Paddy, inocente en el caso de las apuestas, también forma parte del grupo de personajes del mundo del fútbol con una vida de película. Algunos familiares contarían que sospechaban que había militado en el IRA de joven y lideró la famosa gira salvadora del Barça por México en 1937, en plena Guerra Civil. Cuando estalló el conflicto habría podido huir, pero decidió quedarse en Barcelona, siguiendo al frente del Barça tanto en los partidos jugados en casa como en aquella gira en que el club azulgrana obtuvo una cantidad de dinero imprescindible para su supervivencia. O'Connell ha pasado a la historia como un héroe, pero también era un mujeriego. Por ejemplo, nunca ha quedado claro por qué razón abandonó a finales de los años veinte a su familia de Manchester y se marchó a Santander sin decir ni pío a su mujer ni a sus hijos. Se olvidó de ellos y empezó una nueva vida en España, donde contrajo matrimonio con una señora que no sabía que Paddy ya estaba casado. Durante décadas hemos glorificado las aventuras de los mejores futbolistas, pero también hemos normalizado que muchos eran unos auténticos cabrones en casa. Malos padres y malos maridos. ¿Es eso culpa del fútbol? Un poco, ya que el deporte les daba fama y les hacía perder el norte más fácilmente. Los deportistas han ido ganando poder y han pasado de ser el joven más popular del pueblo a ser tan famosos como los actores de Hollywood. Cuesta encontrar a un gran futbolista que no se haya dejado arrastrar por los cantos de sirena de sus admiradoras en la puerta del estadio o por poder hacer lo que le dé la gana en los reservados de las discotecas. Los admiradores de Maradona por cómo jugaba y cómo plantaba cara al poder no podemos apartar la vista frente a las evidencias de que era un mujeriego y un maltratador y que abusó de las drogas.

Es la doble cara del fútbol. Luz en el césped y negocios sórdidos en los despachos. Con deportistas que pierden el control de su carrera utilizados por representantes, directivos o mafiosos. En un mundo machista, el papel de la mujer siempre ha sido periférico porque así lo quería un grupo de señores con poder. Vividores que, con la firma de un documento, deciden el destino de millones de personas. Porque se ha querido vender la moto de que eso de ver a mujeres jugando al fútbol es algo nuevo de los años setenta. Falso. El fútbol siempre ha atraído a las mujeres, lo que pasa es que los políticos, los obispos o los familiares no las dejaban jugar. Tenemos documentadas aficionadas que ya acudían al campo en el siglo XIX y partidos jugados en 1881. En 1894 había anuncios en la prensa inglesa en los que se buscaba reclutar a jugadoras para crear un equipo, una iniciativa liderada por Nettie Honeyball, una mujer de la que tenemos fotos, pero de quien no sabemos su nombre real. Algunas activistas del sufragismo como la escocesa Helen Matthews jugaron al fútbol a finales del siglo XIX. Eran activistas que entendieron la fuerza del fútbol para crear vínculos y espacios comunitarios, y demostrar que las mujeres tenían que aspirar a disfrutar de los mismos derechos que los hombres.

De hecho, el fútbol jugado por mujeres creció tanto que los hombres que mandaban se pusieron alerta, no fuera a ser que perdiesen el control del negocio. Esto sucedió a finales de la década de 1910. ¿Qué había pasado? Cuando estalló la Primera Guerra Mundial, se envió a los futbolistas al frente y se detuvieron muchas competiciones. También marcharon a la guerra la mayor parte de los obreros de las fábricas.

Así que hubo que poner a trabajar a miles de mujeres que debían mantener en funcionamiento la industria bélica. Muchas acabaron en una fábrica llamada Dick, Kerr & Co., de la ciudad de Preston, en Inglaterra. Según parece, cuando llegaba la hora del descanso de las obreras, estas solían jugar al fútbol mientras comían algo. Y los gerentes de la fábrica, maravillados con su habilidad, decidieron crear un equipo para disputar partidos de exhibición. Se trataba de que hubiera actividades que levantaran la moral de la población. Y lo hacían tan bien que su ejemplo se extendió a otras fábricas, lo que provocó que cada vez existiesen más equipos femeninos. En algunos partidos se llegaron a reunir más de cuarenta mil personas.

La mejor jugadora era Lily Parr. Fumadora empedernida, la leyenda cuenta que cobraba su sueldo en especie, en forma de tabaco. Su imagen se reprodujo en revistas y cromos, y se bautizó a decenas de niñas con el nombre de Lily. Aquellos equipos tenían tanto éxito que se creó una selección inglesa que iba a jugar unos amistosos ante rivales francesas con el campo londinense de Stamford Bridge, de 53.000 espectadores, lleno hasta la bandera. Cuando acabó la guerra y regresó la liga masculina, ellas seguían jugando con éxito, hasta el punto de convertirse en una china en el zapato de la Federación Inglesa de Fútbol, que dictó una norma según la cual los propietarios de los estadios tenían que decidir entre acoger encuentros de fútbol masculino o femenino. Si aceptaban organizar en su casa un partido de mujeres, ya no podrían ser sede de la Primera División masculina. Y fue así como se expulsó a las mujeres de los grandes recintos y se silenció su memoria. La prohibición de jugar en los estadios de equipos masculinos en Reino Unido iba a durar casi cincuenta años, hasta 1971.

Aquel no fue un caso aislado. En Italia fue Mussolini quien aprobó unas leyes en las que se decidía los deportes que podía practicar una mujer, con lo que se cortaba las alas a los equipos femeninos surgidos durante la década de los años veinte. Mujeres valientes que desafiaban la imagen que el fascismo tenía reservadas para ellas: madres y esposas. En Brasil la prohibición de jugar al fútbol si eras mujer llegó en 1941, después de ver como los equipos femeninos llenaban estadios con más de treinta mil personas de aforo. Se cuenta que un fanático religioso escribió un artículo en un diario afirmando que era una vergüenza ver a mujeres practicando un deporte, que su rol era ser madres y que corrían el riesgo de no poder serlo nunca si las golpeaban en zonas delicadas. El régimen dictatorial militar entonces en el poder le hizo caso y promulgó una ley por la que se prohibía a las mujeres «practicar deportes contrarios a su naturaleza». La ley estaría vigente hasta 1979.

Y, de hecho, esta era la clave. Muchos hombres consideraban que el papel de la mujer se limitaba a parir hijos y cuidarlos. Esperar en casa con la cena hecha y portarse bien. En los años sesenta, cuando en Estados Unidos muchos jóvenes comenzaron a pensar que podían cambiar el mundo impulsando las nuevas leyes de derechos civiles, muchas estudiantes entraron en la universidad. Allí se dieron cuenta de que pagaban la misma matrícula que los hombres, pero que la oferta de deportes para ellas era ridícula. Así que llevaron a los tribunales una causa en la que triunfarían y consiguieron por ley que la oferta deportiva en las universidades fuese equitativa. Como las autoridades pensaban que algunos deportes, como el fútbol americano, eran demasiado violentos para ellas, el fútbol se hizo un lugar y así se inició el camino que convertiría a Estados Unidos en una gran potencia femenina en este deporte. Ellas también tuvieron que superar los prejuicios y el machismo: mucha gente, incluidos sus padres, seguían pensando que su función principal en el mundo era ser madres. Así que se creó una red de médicos que iba casa por casa, hablando con padres, madres y abuelos de las jugadoras, para mostrarles certificados médicos en los que se demostraba que los órganos reproductores de las mujeres no podían recibir daños por la práctica del fútbol.

Otros padres estaban preocupados por si la ropa era demasiado ajustada o demasiado corta. El cuerpo de la mujer siempre ha estado sujeto a las opiniones y las miradas de las otras personas. Pasa en nuestro día a día. Solo hay que ver los programas de televisión dedicados al fútbol, donde los hombres llevan camisa y tal vez corbata. En cambio, las presentadoras suelen llevar tacón alto y vestidos ajustados. Durante décadas, la función de la mujer en el fútbol parecía ser entretener la vista a los hombres.

Cuando en países como Suecia, Alemania o Estados Unidos nacían clubes y torneos serios de la mano de un nuevo feminismo, en España se organizaban partidos entre folclóricas donde la gracia era ver a actrices y cantantes enseñando pechuga. Era la España de Franco, evidentemente. También se hacían películas como la vergonzosa *Las Ibéricas FC*. Eran tiempos duros, de dictadura, en los que se había pasado de relegar a la mujer a quedarse en casa pariendo hijos a aceptar que formase parte de ese espectáculo de entretenimiento de la sociedad. La España del fútbol, el turismo y las cantaoras flamencas. Con la democracia la situación mejoró, pero tampoco mucho. A principios de los noventa, cuando llegaron las televisiones privadas, durante unos años uno de los programas de máxima audiencia era *Goles son amores*, presentado por el cantante Manolo Escobar, con un montón de chicas ataviadas de forma provocativa con las camisetas de los equipos para explicar la clasificación de primera. También podías ver el programa de Gil y Gil, *Las noches de tal y tal*, donde en un jacuzzi rodeado de chicas medio desnudas insultaba a rivales futbolísticos o políticos municipales. El fútbol, durante décadas, relegó a la mujer a papeles secundarios.

Cuando España ganó el Mundial femenino en 2023, el presidente de la Federación Española de Fútbol Luis Rubiales protagonizó dos imágenes muy tristes. Primero se rascó el paquete en el palco en un gesto simbólico: en su cabeza todo se limita a tener cojones. Después besó en la boca sin permiso a la jugadora Jennifer Hermoso durante la entrega de medallas. A lo largo de décadas, centenares de mujeres, trabajadoras, becarias, periodistas o jugadoras han sido agredidas o asediadas por trabajadores de clubes de fútbol, federaciones o redacciones. Se han pellizcado culos y se ha entrado en las duchas sin avisar. El beso de Rubiales no dejaba de ser el mejor ejemplo de cómo han entendido el papel de las mujeres los hombres que suelen controlar este deporte. En el momento de gloria de las futbolistas, un hombre tenía que ser el protagonista.

Ahora bien, para llegar al beso de Rubiales hay que entender primero el pasado. El primer partido disputado por mujeres que tenemos documentado en España es de 1914, en Barcelona, con jugadoras de las que prácticamente lo ignoramos todo. De los pioneros del fútbol masculino sabemos la biografía completa, mientras que de aquellas mujeres conocemos bien poco. Es significativo: las crónicas informaban de las jugadoras diciendo solo su nombre de pila, con un tono paternalista. En cambio, del entrenador se sabía todo: era Paco Bru.

Otro tipo con una vida de cine, ya que fue futbolista, periodista, árbitro que dirigía partidos con una pistola escondida y entrenador que se recorrió medio mundo: vivió el primer Mundial en 1930 y un golpe de Estado en Perú. Pero ¿quiénes eran ellas? No lo sabemos. El deporte femenino creció mucho en España con la llegada de la República, con un gobierno que promocionaba la práctica de deportes en todos los barrios, a todas las edades y por todos los sexos. Pero la victoria de Franco en la Guerra Civil lo interrumpió todo: las mujeres debían volver a casa para obedecer a sus maridos. Para ver el primer partido de la selección española habría que esperar hasta el 21 de febrero de 1971, con un enfrentamiento en Murcia. Aquel día, el presidente de la Federación de Fútbol Murciana, Manuel Cerezuela, gritaba en las puertas del estadio de La Condomina: «Aquí no se juega, esto es indecente, las mujeres no pueden jugar al fútbol». El presidente de la Federación Española José Luis Pérez Payá afirmaba: «No estoy en contra del fútbol femenino, pero tampoco me agrada. No lo veo muy femenino desde el punto de vista estético. La mujer en camiseta y pantalón no está muy favorecida. Cualquier traje regional le sentaría mejor».

Algunas mujeres valientes ya jugaban en los años sesenta. Y no desfallecieron, y eso aunque llegaron a pasar noches en calabozos, detenidas por «conducta inmoral». Muchos de los primeros partidos se celebraron sin permiso en barrios obreros de Barcelona y Madrid, donde el fútbol demostraba que podía ser un elemento de lucha. Ejemplos que demuestran que, en ocasiones, este deporte no es una mierda. Más bien todo lo contrario, que puede llegar a ser un actor para luchar contra todo aquello que apesta en esta sociedad. Aquellas mujeres abrieron camino, de la misma forma que lo hicieron las primeras directivas. Mujeres como Anna Maria Martínez Sagi, primera mujer en entrar en la junta del Barça en 1934, en época republicana. O las primeras periodistas, como Sara Estévez, una vasca que escribía crónicas del Athletic de Bilbao bajo el seudónimo de «Marathon» a partir de 1954. No sería hasta 1973 cuando empezó a firmar con su nombre, momento en que muchas personas descubrieron que era una mujer.

No es fácil ser periodista y mujer. A veces les toca aguantar a uno de esos señores ofendidos que afirman que las mujeres han tenido las mismas facilidades que los hombres y que es una vergüenza esa corriente feminista que reclama igualdad. Y dicen que ellas no se pueden quejar de nada. Cuando los oigo, me pregunto si ya nacieron así de idiotas o solo lo fingen. En pocos ámbitos como el fútbol resulta más evidente la diferencia de trato que han recibido hombres y mujeres. Oyes frases como «es bastante guapa para ser futbolista». O la famosa «no es ni fútbol ni femenino» que sueltan muchos idiotas.

Muchas veces, la prensa no se las ha apañado bien para tratar el fútbol. Ha habido una tendencia a infantilizarlo, banalizarlo y convertirlo en un espectáculo grotesco. Aunque hay que decir que no siempre es culpa de los periodistas. A fin de cuentas, los medios de comunicación aspiran a ser negocios que lleguen a final de mes y los empresarios que controlan los equipos lo aprovechan presionándoles para conseguir buena prensa. Los presidentes intentan silenciar a periodistas amenazándolos con quitarles contratos publicitarios. Y en el caso de España, no se puede pasar por alto que durante cuarenta años se vivió una dictadura que condicionó mucho la forma de tratar informativamente el deporte. Mientras en Estados como Francia, Alemania o Italia había buenos periodistas investigando a los presidentes de los clubes, en España eso no se podía hacer, ya que en las dictaduras no hay libertad de prensa. Prácticamente hay que esperar hasta Manolo Vázquez Montalbán para encontrar artículos donde se trata el fútbol con visión crítica y seria. De hecho, si lo analizamos, el periodismo deportivo no debería existir. Tendría que hacerse simplemente periodismo. El mismo oficio con idénticos valores y métodos, ya fuese para hablar de política, economía o fútbol. En cambio, se ha creado un subgénero que en vez de empequeñecerse ha terminado afectando a otras áreas. La información política cada vez parece más influenciada por este periodismo deportivo de bufanda. Aquella prensa que se ha dejado utilizar por los clubes ve ahora con terror que muchos directivos la ignoran. Ya no la necesitan, pues han entendido que en las redes sociales pueden encontrar a muchas personas dispuestas a difundir el mensaje que haga falta a cambio de una entrada. De un minuto de gloria. Comunicadores sin discurso crítico que llevan al extremo la creación de contenidos banales. Ahora se reparten acreditaciones a gente que, en lugar de contar lo que ve en el campo, entra al estadio para hacer un baile estúpido esperando que se viralice. O que se pasa el partido grabándose para hacer un vídeo donde se le ve sufriendo de forma exagerada. El triunfo de la banalidad, el egocentrismo y el vacío.

Se trata de controlar el mensaje. De seguir contando que el fútbol es un juego y ya. Se trata de negar que es un actor político y social. Estas moscas que controlan el fútbol quieren que se ignore que este deporte puede ayudar a cambiar cosas. Que puede ser una gran arma contra el racismo y el machismo. Y que puede acabar en manos de racistas y machistas si no se va con cuidado. Aunque no te guste el fútbol, no puedes ignorar su fuerza para llegar a barrios modestos, para unir comunidades y para crear puentes de diálogo. Cuando Ernesto Guevara todavía no era el «Che» y no blandía fusiles, cruzó toda América Latina con un amigo en un viaje iniciático. El argentino contaría que no conseguía entablar conversaciones con los mineros chilenos o los pastores bolivianos cuando les hablaba de derechos, sindicatos y filósofos. Descubrió que para ganarse su confianza tenía que hablar de fútbol y jugar un rato. El fútbol es prácticamente el único puente que puede unir a personas sin estudios que viven en uno de los lugares más pobres del planeta con un universitario formado en Barcelona o Nueva York.

Porque la magia del fútbol es que puede llegar a ser portavoz de muchas luchas. Por eso se han creado clubes transgénero o equipos de personas homosexuales, creando espa-

cios seguros en el interior del mismo deporte en el que resulta tan complicado formar
parte de la comunidad LGTBI+, con insultos homófobos y una masculinidad tóxica
que lleva a que los pocos jugadores que han
salido del armario lo hayan hecho tras reti-
rarse. Esta es una lucha donde el fútbol sigue perdiendo, pese a ir mejorando poco a
poco. Así, sigue siendo una moneda de dos
caras, utilizado tanto por los gobiernos como
por los movimientos que quieren hacerlos
caer. Por eso cuando el nacionalismo catalán iba tomando forma, Joan Gamper ya
sumó al Barça a las campañas para conseguir la Mancomunidad en 1914, en una época en que los directivos del Madrid ya eran
amigos del monarca Alfonso XIII, a quien
invitaban al campo. Sería este mismo rey
quien concedería al club el título de «Real»
en 1920. Por eso la gente que sudaba en las
fábricas convirtió algunos equipos en los de-
fensores simbólicos de sus luchas, ya fuese

para conseguir mejoras laborales o para rei-
vindicar banderas.

Los equipos de fútbol nos permiten seguir la
historia. Un club no deja de ser un hilo con-
ductor que puede llevarnos de un congreso
sionista en 1898 hasta la guerra de Gaza, pa-
sando por la Viena de los años veinte. En los
últimos tiempos se ha visto que las aficiones
muestran pancartas contra las políticas de
Israel en partidos de competiciones europeas.
Sí, los clubes israelíes juegan en Europa sin
ser europeos geográficamente. ¿La razón?
De nuevo la historia nos da la respuesta.
Cuando el Estado de Israel nació en 1948,
sus deportistas empezaron compitiendo en
Asia. Aunque, poco a poco, las cosas fueron cambiando. Cada vez iban naciendo
más Estados que se independizaban de británicos o franceses. Y en Asia muchos de estos países, de mayoría musulmana, se iban

posicionando contra las políticas de Israel. Al final se votó su expulsión de las competiciones asiáticas en 1974, cuando prosperó una iniciativa del gobierno de Kuwait. Después de algunos años caóticos, Israel acabó siendo aceptado deportivamente como un país europeo.

Y aún hay que aguantar a gente que dice que el fútbol no está politizado. Que exista una competición llamada Copa del Rey es un hecho político en sí. Por eso la Copa española llevó antes otros nombres, como Copa de la República o del Generalísimo. Que suenen los himnos nacionales en los partidos es política. Que existan selecciones es política.

El Liverpool, aquel equipo creado por un cervecero, también acabaría siendo un actor político en un giro de los acontecimientos, ya que iban a ser los aficionados quienes marcarían su personalidad. Al llevar el nombre de la ciudad, se produjo un proceso por el que las ideas políticas con mayor apoyo en Liverpool entraron en el campo, en este caso el socialismo. Liverpool, que había llegado a controlar el 40% del tráfico marítimo mundial y tenía más de un millón de habitantes en 1921, entró en crisis. Fue perdiendo población a medida que cerraban puertos, astilleros y fábricas. La gente no tenía trabajo y cada vez había más delincuencia. Con fama de ciudad dura, decadente y violenta, parecía que solo el deporte y la música podían dar alegrías a los jóvenes de la ciudad. Cuando la conservadora Margaret Thatcher fue elegida primera ministra en 1979, ordenó «dejar morir a la ciudad» después de los incidentes de Toxteth, un barrio donde centenares de jóvenes, la mayoría negros, se enfrentaron a la policía para denunciar la falta de oportunidades. Thatcher anunció que enviaría a un delegado para ayudar a mejorar la situación, pero a trasmano ordenó no invertir dinero para destinarlo a otras zonas, ya que odiaba Liverpool, un feudo donde nunca ganaba y donde siempre salían elegidos los laboristas. Thatcher privatizó minas y transportes, y se enfrentó a los sindicatos. Medio país la quería y el otro medio la odiaba, especialmente en las zonas de tradición obrera que habían visto un siglo antes el nacimiento de una idea nueva de fútbol.

Y entonces llegó el partido de Hillsborough, el estadio de Sheffield, el 15 de abril de 1989. Era una semifinal de Copa inglesa y la policía organizó muy mal la entrada de la afición del Liverpool. Los hicieron pasar a todos por una puerta estrecha y se produjo una avalancha humana en la que perdieron la vida noventa y seis personas. La policía y los políticos, intentando que no los señalaran como culpables, acusaron de los hechos a los seguidores del Liverpool, que gastaban mala fama porque en 1985 habían provocado la muerte de treinta y nueve aficionados italianos de la Juventus en el estadio belga de Heysel, aplastados mientras huían de los *hooligans* del equipo inglés en la final de la Copa de Europa. La policía filtró información al diario *The Sun* en la que acusaba a los aficionados de agredir a los agentes y de robar a los cadáveres, lo que produjo un boicot al diario en la ciudad de Liverpool que todavía sigue vigente. En paralelo, se inició la campaña «Justice for the 96» para averiguar la verdad. Después de años de lucha, el caso se reabrió y, en 2018, los responsables policiales fueron declarados culpables. El gobierno se disculpó con los familiares y con la afición del club. Sus aficionados, sin embargo, no perdonaron nunca al gobierno de Thatcher, hasta el punto de que solían cantar en los estadios: «El día que muera Maggie Thatcher haremos una fiesta». Dicho y hecho, cuando Thatcher murió en 2013, centenares de aficionados salieron a las calles de Liverpool a bailar. Aquellos días mostraron una pancarta en el campo que rezaba: «No te importábamos cuando mentiste, no nos importas ahora que estás muerta». Aunque el Liverpool es una empresa propiedad de unos inversores norteamericanos, es un club politizado por la gente de la ciudad.

Por eso hoy en día aún cuesta mucho encontrar un ejemplar de *The Sun* en la ciudad inglesa. La gente tiene memoria. Esta historia nos habla de las cloacas de un Estado, de policías mentirosos y de prensa sin escrúpulos. Gente que se aprovechó de la mala fama de la afición del Liverpool para mentir. Y era muy cierto que no solo este club tenía un problema con la violencia en los años ochenta. La pasión por el fútbol provocó a finales de los años sesenta el nacimiento de los primeros grupos más o menos organizados de jóvenes violentos. En Inglaterra, los *hooligans* eran más caóticos. En Italia, los ultras estaban mejor organizados.

En el origen de estos grupos se mezclaban las modas urbanas con la política. Tristemente, la violencia se ha convertido en compañera de viaje del fútbol, y en ocasiones ha llegado demasiado lejos. Centenares de personas han perdido la vida solo por ir a ver un partido, mientras el racismo y el nazismo utilizaban el poder de atracción de este deporte para difundir sus ideas, como pasaba ya a principios de los años setenta en Londres, con militantes de grupos radicales captando a los jóvenes a las puertas del campo del Chelsea. El club londinense sería uno de los últimos en tener entre sus filas a un jugador negro, Paul Canoville, ya que el poder de los racistas dentro de la afición creció tanto que conseguían evitar la presencia de futbolistas de color mediante el odio. Cuando Canoville debutó con el Chelsea en 1981, los propios aficionados no celebraban sus goles y le tiraban plátanos. Muchas veces, los estadios se han convertido en estercoleros de la sociedad, plagados de racismo, machismo y homofobia.

A finales de los años ochenta, también llegó a Yugoslavia esta moda de crear grupos violentos en las gradas. Esto lo aprovecharon los movimientos nacionalistas de un Estado que se hallaba en descomposición. Poco a poco, los clubes con nombres comunistas como Estrella Roja o Dinamo veían aparecer en sus estadios a aficionados de extrema derecha, ya fuera en Belgrado o en Zagreb. Los Balcanes, una zona siempre inestable, iban a ver la transformación del deporte en otro escenario más de ese lento descenso a los infiernos, como quedó claro en el famoso partido de 1990 entre el Dinamo de Zagreb y el Estrella Roja de Belgrado. Con el tiempo se ha difundido la leyenda de que la guerra de los Balcanes empezó en ese partido en el estadio Maksimir de la capital croata, cuando los aficionados serbios desplazados hasta allí saltaron al terreno de juego para pelearse con los locales. Un titular sensacionalista, pues cuando se disputó el partido ya habían muerto muchas personas en regiones como Eslavonia y la guerra llevaba años gestándose. Además, una guerra nunca comienza por un partido de fútbol, aunque muchos tengan esa idea por culpa del título del libro del periodista polaco Ryszard Kapuściński *La guerra del fútbol*, sobre el conflicto entre Honduras y El Salvador de 1969. No, ni en Honduras ni en Croacia un partido provocó una guerra. En ambos casos, sirvió para que muchas personas viesen a las claras que la escalada de la violencia ya no iba a detenerse. En el caso de 1990, los periodistas entrevistaron a varios aficionados antes del duelo y algunos serbios anunciaron que intentarían «matar a croatas» en directo en la televisión, como si nada. Y así fue. Saltaron la valla, agredieron a aficionados rivales e invadieron el terreno de juego, donde se toparon con los radicales croatas que venían del otro extremo del estadio. En vez de ver goles, la gente contemplaba en la pantalla a jóvenes armados con palos. De este partido queda la imagen del jugador local Zvonimir Boban lanzando una patada a un policía que estaba golpeando a un aficionado croata. De nuevo el periodismo, cometiendo errores en busca de un titular llamativo, contaría que el magnífico futbolista croata atacaba a un policía serbio. Falso: el policía era un bosnio musulmán llamado Refik Ahmetović, un funcionario a quien enviaron a un estadio para evitar que unos radicales se linchasen entre sí. Pocos meses después, croatas y serbios se mataban los unos a los otros con armas. Y también atacaban a los bosnios musulmanes como Ahmetović. Tanto serbios como croatas.

Aquel policía era una víctima más de la historia, como los centenares de bosnios, croatas o kosovares asesinados por el grupo paramilitar serbio conocido como Los Tigres de Arkan, liderados por Željko Ražnatović, un delincuente que en los años setenta se dedicaba a robar coches en Alemania. En los ochenta este hombre volvió a Belgrado, donde lo reclutaron personas próximas al dirigente local Slobodan Milošević para que captase a chicos que estaban algo perdidos en las gradas del campo del Estrella Roja. Arkan se convirtió en el líder de los ultras locales, los llamados *Delije* («héroes», en serbio), y creó un ejército que entraría en acción en las guerras de los Balcanes, cometiendo crímenes contra la humanidad. Después de la guerra, nunca se juzgó a Arkan. Por el contrario, el gobierno serbio lo protegió, él se casó con una cantante de moda y llegó a comprar un club de cuarta división, el Obilic, al que hizo subir a Primera, y luego consiguió que ganase la liga serbia después de amenazar a rivales y comprar árbitros. Lo asesinaron en el año 2000, de resultas de una venganza entre grupos criminales. Aún hoy, cuando vas al campo del Estrella Roja puedes ver su cara en fotos y murales. En ese mismo estadio, la tienda oficial de productos del club es más pequeña que la que regentan los *Delije*. Los ultras tienen un negocio gigantesco y disfrutan de un poder enorme, de tal dimensión que en 2019 decidieron instalar en las puertas del estadio un tanque de construcción rusa que se había usado en la guerra de los Balcanes. Le pintaron el escudo de su grupo y lo subieron a un pedestal. Y allí sigue. La gente se hace fotos subida en lo alto. Y muchos de ellos ignoran su auténtico significado.

Ya hace mucho tiempo que el fútbol explora caminos tenebrosos, con demasiada violencia y odio en las gradas y las calles, pero también en los palcos de los estadios. En una sociedad cada vez más globalizada, donde los ricos son cada vez más ricos, los nuevos actores en el tablero de juego futbolístico son oligarcas rusos, empresarios norteamericanos y familias reales del golfo Pérsico, que compran equipos y organizan torneos. El Mundial de Qatar de 2022, en el que no se respetaron los derechos de miles de trabajadores en las obras de los estadios, puso en evidencia la hipocresía de un deporte que se llena la boca de buenas palabras, pero no tiene el menor problema en viajar a una dictadura para jugar. El caso de Qatar o los Emiratos Árabes Unidos es una minucia en comparación con el impacto provocado por sus vecinos, Arabia Saudí. Hasta hace poco uno de los Estados más herméticos y crueles del mundo, ha decidido mejorar su imagen utilizando el deporte. Y así se ha demostrado que todos tenemos un precio. Incluso gente crítica con los acuerdos con este reino acaba yendo a trabajar allí si la cantidad que se le ofrece es lo bastante alta. Siempre hay alguien dispuesto a pagar y alguien dispuesto a sacrificar sus valores para cobrar un buen sueldo. El precio de las entradas en los partidos de gran audiencia ha ido alejando a buena parte de la población del fútbol de primer nivel. Para millones de personas, poder entrar en un estadio famoso es una utopía. Un sueño imposible de cumplir, ya que las personas más ricas quieren quedárselo todo ellas. Afortunadamente, por debajo de esto, en campos modestos y en equipos humildes, hay gente que defiende un deporte digno, en el que la prioridad no es ganar dinero. El debate que ya tenían muchas personas a finales del siglo XIX sobre la función del fútbol sigue muy vivo.

¿Han convertido el fútbol en una mierda? Pues es difícil de saber, todo se mezcla demasiado. Lo es y no lo es. Lo amas y lo odias a la vez. Pero, en caso de que lo sea, para muchas personas es nuestra mierda. Un espacio donde, pese a las patas de esas moscas que lo ensucian todo, siguen produciéndose momentos de magia. Donde te sigue emocionando el recuerdo del último partido vivido con tu padre, el abrazo con los amigos, un viaje en el que sigues a los tuyos lejos de casa o aquel gol de Messi que aún no sabes cómo lo hizo. Si el fútbol es una mierda es porque es bonito. Y en el mundo en el que vivimos, siempre hay demasiada gente dispuesta a hacer negocio con las cosas que triunfan. El fútbol crea espacios donde personas de origen diferente pueden encontrarse y conocerse. Permite a jóvenes nacidos en contextos complicados soñar con que un día podrán salir adelante y, durante noventa minutos, consigue que parezca que los problemas no existan. Mientras que algunos lo ignoran, otros usan este juego magnífico para crear complicidades entre mujeres que han sufrido maltratos, como hacen diferentes organizaciones. Compartiendo vestuario y jugando juntas, personas que han sufrido ya no se sienten solas y recuperan la autoestima. El deporte se usa con éxito para ayudar a refugiados, jóvenes sin familia o personas sin hogar. Poder asistir a un torneo de fútbol de equipos formados por personas con discapacidad intelectual es un soplo de aire fresco, una forma de volver a conectar con la pureza de un deporte que no siempre va de ganar dinero. Por suerte, los empresarios y los políticos más egoístas aún no han encontrado la forma de hacer negocio con nuestros recuerdos y vivencias. Por suerte, aún puede defenderse que el fútbol no siempre es una mierda. Por suerte, es fácil seguir queriendo a este deporte cuando vas al campo con la gente que te importa.

[ā]